„Das Geheimnis liegt in der Soße."
(„Grüne Tomaten",1991)

Impressum

Herausgeber und Autor: Mirko Reeh ®

Verlag: Kochweltverlag, Frankfurt am Main

Herstellung: Books on Demand GmbH, Norderstedt

ISBN: 978-3-938222-04-1

Coverfoto: Stock Food | Autoren Foto: Stefan Maka / Life Photo

Korrektur: Barbara Ochs

Korrigiert nach den derzeit gültigen Regeln der deutschen Rechtschreibung. Noch vorhandene Fehler dienen der Unterhaltung von Menschen, die gerne danach suchen.

1. Auflage 2006 ©

Mirko Reeh
Meine Saucen

Inhaltsverzeichnis

Vorwort

Liebe Saucenfreunde,

Was wären die Currywurst ohne Curryketchup, die Pommes ohne Mayo, die Pasta ohne Pesto, der Salat ohne Dressing oder die kanarischen Pellkartoffeln ohne Mojo? Antwort: nichts Besonderes. Die Sauce ist es, die einfachen Zutaten den speziellen Pfiff verleiht. Sie ist es aber auch, die erlesene Genüsse zu einem unvergesslichen Gaumenschmaus werden lässt.

„Meine Saucen“ ist eine Zusammenstellung der besten Saucen meiner Rezeptsammlung. Zu fast jeder Kreation finden Sie Tipps zum Kombinieren, aber ich möchte Sie trotzdem bitten: Probieren Sie selbst, verlassen Sie sich auf Ihr Bauchgefühl, finden Sie neue Gerichte!

Durch meine Kochschulen in Frankfurt am Main und auf Ibiza haben mittlerweile tausende Teilnehmer die einfache und unkomplizierte Art des Kochens lieben und schätzen gelernt.

Ich wünsche viel Spaß beim Nachkochen!

Euer

Aubergine-Paprika-Salsa

Zutaten für 4 Personen | Zubereitungsdauer: 35 Minuten

1 Aubergine (250 g)
1 rote Paprikaschote
1 EL neutrales Öl
1 Handvoll Koriandergrün
2 Knoblauchzehen
1 kleines Ingwerstück
1 EL Sesamöl
6 EL Reisessig
1 Bund Frühlingszwiebeln
2 TL Zucker
einige Tropfen Tabasco
Salz

Zubereitung:

Den Backofen auf 200 Grad vorheizen. Ein Backblech mit Backpapier auslegen. Die Aubergine und die Paprikaschote waschen und abtrocknen, die Aubergine mit einer Gabel mehrmals einstechen. Die Aubergine und die Paprikaschote mit Öl bepinseln und auf das Blech setzen. Im Backofen (Mitte, Umluft 180 Grad) etwa 20 Minuten backen. Die Paprikaschote dann unter einem Tuch, die Aubergine offen abkühlen lassen.

Inzwischen das Koriandergrün waschen. Den Knoblauch und den Ingwer schälen, mit dem Koriandergrün, dem Sesamöl, dem Zucker, dem Reisessig und dem Tabasco im Mixer pürieren.

Die Paprikaschote schälen, halbieren und von Kernen und Trennhäuten befreien. Zusammen mit der Aubergine sehr fein hacken oder im Mixer kurz pürieren. Die Frühlingszwiebeln waschen, putzen und ebenfalls fein hacken. Das Gemüse mit der Sauce mischen, mit Salz und eventuell noch etwas Tabasco pikant abschmecken. Den Dip mindestens 1 Stunde bei Zimmertemperatur durchziehen lassen.

Balsamico-Senf-Sauce

Zutaten für 4 Personen | Zubereitungsdauer: 20 Minuten

1 hartgekochtes Ei
2 EL Zitronensaft
2 EL weißer Balsamico
4 EL Olivenöl
3 EL Senf
2 Frühlingszwiebeln
Salz und frisch gemahlener Pfeffer aus der Mühle

Zubereitung:

Alle Zutaten bis auf die Frühlingszwiebel in einen Pürierbecher geben und gut pürieren, danach abschmecken.

Die Frühlingszwiebeln in sehr feine Streifen schneiden und unter die Sauce heben.

Mein Tipp:

Diese Sauce passt zu Salaten und auch als Marinade für Fleisch und Gemüse.

Barbecue-Sauce

Zutaten für 4 Personen | Zubereitungsdauer: 20 Minuten

1 große Zwiebel
2 EL Olivenöl
2 Knoblauchzehen
300 g Tomaten
1 rote Paprikaschote
1 EL abgeriebene Schale einer Zitrone
1 EL Essig
1 - 2 EL Honig
Salz und frisch gemahlener Pfeffer aus der Mühle
Paprikapulver

Zubereitung:

Die Zwiebel und den Knoblauch fein hacken und in einem Topf dünsten. Die Tomaten überbrühen, enthäuten und entkernen, mit in den Topf geben und weiter dünsten. Die Paprika in Streifen schneiden und ebenfalls in den Topf geben. Mit den Gewürzen würzen und 10 Minuten köcheln lassen, dann fein pürieren.

Mein Tipp:

Diese Sauce passt zu Salaten und eignet sich auch als Marinade für Fleisch und Gemüse.

Basilikum-Rosmarin-Sauce mit Tomaten

Zutaten für 4 Personen | Zubereitungsdauer: 45 Minuten

600 g Cocktailtomaten
2 Zweige Rosmarin
50 g Basilikum
150 ml Weißwein
3 EL Olivenöl
Salz und Pfeffer

Zubereitung:

Die Cocktailtomaten säubern und halbieren. Mit dem Olivenöl in einer Stielkasserolle gut anbraten, dann mit dem Weißwein ablöschen.

Basilikum und die feinen Nadeln des Rosmarins sehr fein hacken, dann unter die Sauce mischen, aufkochen lassen und mit Pfeffer und Salz abschmecken.

Mein Tipp:

Diese Sauce passt zu dunklem Fleisch wie Rinderfilet oder Lamm. Sie können auch frisch hergestellte Nudeln in der Sauce schwenken.

Birnensauce

Zutaten für 4 Personen | Zubereitungsdauer: 30 Minuten

500 g Birnen
200 ml Weißwein
100 g Vanillezucker
Saft einer Zitrone

Zubereitung:

Die Birnen schälen, entkernen, dann klein schneiden. Dann alle Zutaten bis auf den Zitronensaft in einem Topf leicht köcheln lassen.

Sind die Birnen weich, werden sie püriert und durch ein Haarsieb gestrichen. Mit etwas Zitronensaft wird das Ganze dann abgeschmeckt.

Mein Tipp:

Lecker zu Kartoffelpuffer.

Champagner-Trüffelsauce

Zutaten für 4 Personen | Zubereitungsdauer: 30 Minuten

200 ml Champagner
25 g Trüffel
200 ml Gemüsefond
5 EL Crème Fraîche
1 Prise Zucker

Zubereitung:

Den Champagner in einem Topf durch Köcheln auf 100 ml reduzieren, dann den Gemüsefond hinzugeben und wiederum auf 150 ml einkochen. Danach die Crème fraîche mit einem Schneebesen einrühren, mit Salz, Pfeffer und der Prise Zucker abschmecken, erst zum Schluss wird der Trüffel fein in die Sauce hinein gehobelt, die Sauce darf nicht mehr aufkochen, kurz durchziehen lassen, dann servieren.

Mein Tipp:

Probieren Sie die Sauce zu gebackenen Auberginen.

Crema di Balsamico

Zutaten für 300 ml | Zubereitungsdauer: 90 Minuten

1,5 Liter dunkler Balsamico
100 ml Sherry
2 EL Tomatenmark
8 EL Zucker
Salz und frisch gemahlener Pfeffer aus der Mühle

Zubereitung:

Den Zucker zunächst karamellisieren. Tomatenmark hinzufügen und bräunen, dann mit dem Sherry und dem Balsamico ablösen. Vorsicht, aufsteigender Essigdampf. Das Ganze reduzieren auf ca. 500 – 300 ml. Danach erkalten lassen und mit etwas Salz und Pfeffer abschmecken.

Mein Tipp:

Die Crema eignet sich hervorragend zum Dekorieren oder als Sauce auf Fleisch und zu Salaten.

Curry-Mandel-Sauce

Zutaten für 4 Personen | Zubereitungsdauer: 15 Minuten

2 Schalotten
1 EL Butter
100 g geschälte Mandeln
1 TL Curry
1/8 L Weißwein
1/8 L Brühe
150 g Crème Fraîche
1 TL Zitronensaft
Salz und Pfeffer nach Belieben und Geschmack

Zubereitung:

Die Schalotten fein hacken und in der Butter dünsten. Die Mandeln hinzugeben und weiter dünsten. Die Gewürze hinzugeben, mit Weißwein ablöschen, aufkochen lassen und dann die Brühe und die Crème Fraîche hinzugeben. Aufkochen lassen und reduzieren bis die Sauce cremig ist, pürieren und mit etwas Zitronensaft abschmecken.

Mein Tipp:

Lecker zu frittierten, kleinen Tintenfischen.

Feigen-Senf-Sauce

Zutaten für 4 Personen | Zubereitungsdauer: 10 Minuten

6 frische oder getrocknete Feigen
6 EL Dijon-Senf
3 EL heller Balsamico
3 EL Olivenöl
Salz und Pfeffer nach Belieben und Geschmack

Zubereitung:

Die Feigen pürieren, den Senf sowie den Balsamico und das Öl unterheben, dann mit Salz und Pfeffer abschmecken.

Mein Tipp:

Probieren Sie dazu Fasanbrust auf Babyspinat.

Frankfurter Grüne Soße

Zutaten für 4 Personen | Zubereitungsdauer: 30 Minuten

4 gekochte Eier
1 Eigelb
1/4 L Saure Sahne
4 EL Öl
Saft einer Zitrone
1 EL Senf
Salz und Pfeffer nach Belieben und Geschmack
1 Bund (125 g) mit folgenden Kräutern:
Schnittlauch, Petersilie, Kerbel, Borretsch, Pimpinelle, Sauerampfer, Kresse und je nach Jahreszeit auch Zitronenmelisse, Dill, Estragon, Liebstöckel

Zubereitung:

Die gekochten Eier zunächst klein hacken, mit dem Eigelb und der Sauren Sahne gut mischen. Öl hinzugeben und mit Zitronensaft, dem Senf, Pfeffer und Salz abschmecken. Die Kräuter fein hacken und unter die Soße geben.

Mein Tipp:

„Grie Soß’“ passt hervorragend zu Pellkartoffeln oder Fisch, aber auch zur frischen Pasta.

Frankfurter-Kräuter-Béarnaise

Zutaten für 4 Personen | Zubereitungsdauer: 30 Minuten

2 Schalotten
125 ml Weißwein
3 EL Estragonessig
4 Eigelbe
125 g Butter
125 g Margarine
4 EL gehackte Kräuter der Frankfurter Grünen Sauce (Schnittlauch, Petersilie, Kerbel, Borretsch, Pimpinelle, Sauerampfer, Kresse und je nach Jahreszeit auch Zitronenmelisse, Dill, Estragon, Liebstöckel)
Salz und frisch gemahlener Pfeffer aus der Mühle

Zubereitung:

Schalotten fein hacken. Mit dem Wein, Estragonessig und Pfeffer aufkochen und auf 80 ml reduzieren. Danach abseihen, Eigelbe zugeben und im warmen Wasserbad schlagen bis die Masse dickschaumig wird. Butter und Margarine zerlassen und tropfenweise zugeben. Mit Pfeffer würzen und zum Schluss die Kräuter untermischen.

Gorgonzola-Rucola-Sauce

Zutaten für 4 Personen | Zubereitungsdauer: 15 Minuten

250 g Crème Fraîche
300 g Gorgonzola
100 g Rucola
5 EL Olivenöl
Muskat, Pfeffer

Zubereitung:

Der Gorgonzola-Käse wird in kleine Stücke geschnitten und dann im Olivenöl bei mittlerer Hitze geschmolzen. Dann wird Löffelweise die Crème Fraîche hinzugefügt.
Mit etwas Pfeffer und Muskat abschmecken.

Zum Schluss den gewaschenen Rucola klein schneiden und unter die Sauce geben, aber erst wenn die Sauce von der Kochfläche genommen wurde.

Mein Tipp:

Lecker mit Nudeln.

Honig-Balsamico-Sauce mit Äpfeln

Zutaten für 4 Personen | Zubereitungsdauer: ca. 10 Minuten

4 EL Honig
6 EL dunklen Balsamico
200 ml Gemüsefond
2 Äpfel
Salz und Pfeffer nach Belieben und Geschmack

Zubereitung:

Die Äpfel in kleine mundgerechte Stücke schneiden, dann mit dem Honig karamellisieren. Den Balsamico dazugeben und auffüllen mit dem Gemüsefond.
Danach mit Salz und Pfeffer sowie etwas Oregano abschmecken.

Mein Tipp:

Schmeckt besonders gut zu Entenbrust mit angebratene Kartoffeln oder Reis.

Mandel-Joghurt-Sauce

Zutaten für 4 Personen | Zubereitungsdauer: ca. 15 Minuten

150 g geschälte Mandeln
2 Knoblauchzehen
150 ml Gemüsebrühe
6–8 EL Olivenöl
150 g Joghurt
1 EL gehackte glatte Petersilie
Salz und Pfeffer nach Belieben und Geschmack

Zubereitung:

Zunächst die Mandeln in einer trockenen Pfanne goldbraun rösten. Dann die Mandeln und die restlichen Zutaten, außer der glatten Petersilie, in ein hohes Gefäß geben und mit einem Pürierstab pürieren, bis die Mandel fein sind.
Zum Schluss die gehackte glatte Petersilie hinzugeben, mit Salz und Pfeffer nach Belieben und Geschmack würzen.

Mein Tipp:

Lecker zu panierten, ausgebackenen Garnelen.

Mandel-Sherry-Sauce

Zutaten für 4 Personen | Zubereitungsdauer: ca. 20 Minuten

Fleisch zum Braten (z. B. von Truthahnbrustfilet)
250 ml trockenen Sherry
100 ml Geflügelfond
2 Knoblauchzehen
2 Thymianzweige
100 g Salzmandel
Schwarzer und Roter Pfeffer nach Belieben und Geschmack

Zubereitung:

Der Bratensatz vom Fleisch wird mit Sherry und dem Geflügelfond abgelöscht. Den Knoblauch in feine Stücke schneiden und in die Sauce geben, den Thymianzweig zur Sauce geben. Die Sauce durch Köcheln auf ein Drittel reduzieren. Dann werden die Mandeln hinzu gegeben, der Thymianzweig wird herausgenommen und die Sauce wird püriert, bis sie cremig ist.

Das Fleisch wird wieder zur Sauce gegeben und muss nun etwa 5–10 Minuten ziehen.

Orangen-Béchamel-Sauce

Zutaten für 4 Personen | Zubereitungsdauer: ca. 15 Minuten

4 Orangen
3 EL Butter
2 EL Mehl
250 ml Milch
Salz, Pfeffer und Muskat nach Belieben und Geschmack

Zubereitung:

Zunächst die Orangen auspressen, in einer Stielkasserolle den Saft karamellisieren.

Die Butter in einem separaten Topf zerlassen, das Mehl hinzugeben und gut verrühren. Dann die Basic Butter-Mehl zum karamellisierten Orangensaft geben.

Mit der Milch aufgießen, danach ca. 5 Minuten lang köcheln lassen. Mit Salz, Pfeffer und Muskat nach Belieben und Geschmack würzen.

Oregano-Sahne-Sauce

Zutaten für 4 Personen | Zubereitungsdauer: ca. 25 Minuten

50 g frischen Oregano
200 ml Sahne
2 EL Olivenöl
Salz und Pfeffer nach Belieben und Geschmack

Zubereitung:

Den Oregano zunächst zupfen und sehr fein hacken. Mit dem Olivenöl bei leichter Hitze anschwitzen, danach die Sahne angießen und kurz aufkochen lassen. Mit Pfeffer und Salz würzen.

Mein Tipp:

Probieren Sie diese Sauce mit fleischgefüllten Tortellini.

Original Italienische Carbonara

Zutaten für 4 Personen | Zubereitungsdauer: ca. 25 Minuten

150 g Pancetta oder ersatzweise luftgetrockneter Schinken
3 EL Olivenöl
6 Eigelbe
4 EL Sahne
50 g Parmesan
1 Zwiebel
1 Knoblauchzehe

Zubereitung:

Den Schinken in Streifen schneiden und den Knoblauch hacken. Knoblauch zum Schinken geben und beides dünsten. Die Zwiebeln ebenfalls klein hacken und dazugeben. Die restlichen Zutaten in eine Schüssel geben und gut vermengen. Spaghetti al dente kochen. Wenn sie fertig gegart sind, wird zuerst die Schinkenmischung schön gleichmäßig untergehoben und dann mit der Ei-Mischung vermengt. Alles zusammen in eine Edelstahlpfanne geben und so lange vermengen bis die Eier anfangen zu stocken. Zum Schluss mit Salz und Pfeffer abschmecken und sofort servieren.

Der Pancetta ist dem Parmaschinken ähnlich und gehört eigentlich auf jeden Fall in die Carbonara. Da man diesen Schinken nicht immer bekommt, sollte man stattdessen einen luftgetrockneten Schinken verwenden. Keinen gekochten Schinken oder Vorderformschinken nehmen.

Mein Tipp:

In Umbrien wird statt des Parmesans geriebener Peccorino verwendet. Peccorino ist intensiver als Parmesan.

Paprika-Balsamico-Sauce

Zutaten für 4 Personen | Zubereitungsdauer: ca. 10 Minuten

2 Schoten roter Paprika
2 EL Olivenöl
4 EL Balsamico

Zubereitung:

Die Paprika von ihrer Haut mit einem Sparschäler befreien. Dann klein schneiden und pürieren mit dem Balsamico und dem Olivenöl. Würzen mit Pfeffer und Salz.

Mein Tipp:

Die Sauce kann sowohl kalt als auch warm serviert werden und passt hervorragend zu fleischgefüllten Ravioli.

Parmesierte Tomatensauce

Zutaten für 4 Personen | Zubereitungsdauer: ca. 20 Minuten

800 g Tomaten
3 Knoblauchzehen
3 Schalotten
100 g Parmesan, sehr fein gerieben
3 EL gehackte glatte Petersilie
100 ml Weißwein
250 ml Gemüsebrühe

Zubereitung:

Die Tomaten überbrühen, enthäuten und entkernen. Dann in kleine Würfelchen schneiden. Die Schalotten und den Knoblauch ebenfalls in kleine Würfelchen schneiden. In einem hohen Topf werden nun diese drei Komponenten in etwas Olivenöl angebraten. Kürz aufköcheln lassen, dann mit dem Weißwein abschmecken, nun einige Minuten köcheln lassen, dann die Gemüsebrühe aufgießen und auf ca. die Hälfte reduzieren lassen. Den fein geriebenen Parmesan unterheben und mit einem Pürierstab sehr fein pürieren. Zum Schluss die Sauce mit Salz und Pfeffer gut würzen, die gehackte glatte Petersilie unterheben.

Mein Tipp:

Probieren Sie die Sauce zu gebratenem Spargel auf Rucola.

Pesto

Zutaten für 4 Personen | Zubereitungsdauer: je 10 Minuten

Rucola-Pesto:
200 g Rucola
50 g Pinienkerne
2 Knoblauchzehen
60 g frischer Parmesan
200 ml Olivenöl

Zubereitung Rucola-Pesto:
Den Rucola waschen und gut abtropfen lassen. Dann in einem hohen Gefäß pürieren, dabei nach und nach das Olivenöl mit einfließen lassen. Pinienkerne, Parmesan und die Knoblauchzehen ebenfalls mit pürieren. Mit Salz und Pfeffer abschmecken.

Oliven-Pesto:
100 g entkernte Oliven
200 ml Olivenöl
75 g Sardellenfilet nach Belieben
3 Knoblauchzehen
60 g Parmesan

Zubereitung Oliven-Pesto:
Die Oliven in einem hohen Gefäß pürieren, nach und nach das Olivenöl mit einfließen lassen. Den Knoblauch, die Sardellenfilets und den Parmesan ebenfalls mit den Oliven pürieren. Mit Salz und Pfeffer abschmecken.

Basilikum-Zitronenpesto:

200 g Basilikum-Blätter
50 g Pinienkerne
80 g frischer Parmesan
200 ml Olivenöl
2 Zitronen, deren Saft und Schale
Salz und Pfeffer

Zubereitung Basilikum-Zitronenpesto:
Das Basilikum waschen und gut abtropfen lassen. Dann in einem hohen Gefäß pürieren, dabei nach und nach das Olivenöl mit einfließen lassen. Pinienkerne, Parmesan und den Saft sowie die abgeriebene Schale der Zitrone ebenfalls mit pürieren. Mit Pfeffer und Salz nach Belieben und Geschmack würzen.

Walnuss-Pesto:

100 g Walnusskerne
60 g frischer Parmesan
2 Knoblauchzehen
200 ml Sahne
5 TL Olivenöl
200 g Getrocknete Paprika

Zubereitung Walnuss-Pesto:
Zutaten wie beim Rucola-Pesto nach und nach pürieren. Die Sahne zum Schluss nach und nach hinzugeben, damit sie nicht gerinnt.

Tomaten-Pesto:

200 g getrocknete Tomaten
30 g Pinienkerne
2 Knoblauchzehen
60 g frischer Parmesan
1/4 l Olivenöl

Zubereitung Tomaten-Pesto:
Die Tomaten in kleine Würfel schneiden und pürieren. Nach und nach Öl, Pinienkerne und frisch gepresste Knoblauchzehe mit den pürierten Tomaten vermengen. Mit etwas Pfeffer und Salz abschmecken.

Rote-Beete-Pesto:

500 g gekochte Rote Beete
60 g frisch geriebener Parmesan
50 - 60 ml Olivenöl
50 g Walnüsse oder Pinienkerne
3 EL frisch gehacktes Basilikum
Salz und frisch gemahlener Pfeffer aus der Mühle

Zubereitung Rote-Beete-Pesto:
Die Rote Beete klein schneiden, dann alle Zutaten für das Pesto in einen hohen Pürierbecher geben und gleichmäßig pürieren. Zum Schluss mit Salz und Pfeffer abschmecken.

Mein Tipp:

Pestos schmecken sehr gut zur frischen Pasta, aber auch auf Weißbrot. Pesto auf das Weißbrot geben, mit Parmesan bestreuen und im Backofen bei ca. 180 Grad kurz gratinieren. Das Rote-Beete-Pesto schmeckt lecker zu einer Wildterrine.

Pflaumensauce

Zutaten für 4 Personen | Zubereitungsdauer: ca. 15 Minuten

4 EL Olivenöl
2 Schalotten
1 EL gehacktes Rosmarin
200 g Pflaumen
Salz und Pfeffer nach Belieben und Geschmack

Zubereitung:

Die Schalotten schälen, in feine Würfelchen hacken und mit dem Olivenöl glasig schwitzen.
Die Pflaumen entkernen, klein schneiden und mit unter die Schalotten geben. Rosmarin und wenn vorhanden Bratensaft aus der Fettpfanne untermischen, dann mit einem Pürierstab pürieren.
Mit Pfeffer und Salz nach Belieben und Geschmack abschmecken

Mein Tipp:

Lecker zu in Balsamico angebratener Entenbrust mit Nudeln.

Pinienkernsauce

Zutaten für 4 Personen | Zubereitungsdauer: ca. 10 Minuten

100 g Pinienkerne
200 ml Sahne
1 Zitrone, deren Saft
Salz und Pfeffer nach Belieben und Geschmack

Zubereitung:

Die Pinienkerne in einer Pfanne rösten, ohne Öl, dann mit der Sahne und dem Zitronensaft ablöschen. Sehr fein pürieren und mit Pfeffer und Salz abschmecken.

Mein Tipp:

Dazu marinierte Riesengarnelen: 1 kg Riesengarnelen säubern und gut abspülen. Eine Papaya schälen, auslösen, danach pürieren. 30 g Ingwer schälen, klein schneiden. 1 Stängel Zitronengras fein hacken, beides zu der Papaya geben, nochmals sehr fein pürieren. Mit Pfeffer und Salz abschmecken. Die Garnelen in diese Marinade ca. 20 Minuten einlegen und anbraten. Reisnudeln in der restlichen Marinade wälzen und dazu servieren.

Radicchio-Béchamel-Sauce

Zutaten für 4 Personen | Zubereitungsdauer: 15 Minuten

1 Radicchio
3 EL Butter
2 EL Mehl
250 ml Milch
Salz, Pfeffer und Muskat nach Belieben und Geschmack

Zubereitung:

Den Radicchio von den äußeren Blättern befreien, den Strunk entfernen. Radicchio in sehr feine Streifen schneiden. Die Butter zerlassen, den Radicchio darin anschwitzen. Das Mehl hinzugeben und gut verrühren.

Mit der Milch aufgießen, danach ca. 5 Minuten lang köcheln lassen. Mit Salz, Pfeffer und Muskat nach Belieben und Geschmack würzen.

Rotweinbuttersauce

Zutaten für 4 Personen | Zubereitungsdauer: 20 Minuten

2 Schalotten
2 EL Kerbel
2 EL Petersilie
250 ml Cabernet Sauvignon
300 g Butter
Salz und Pfeffer nach Belieben und Geschmack

Zubereitung:

Die Schalotten schälen und sehr fein würfeln. In einer Kasserolle die Schalottenwürfel mit Kräutern und dem Wein offen bei starker Hitze auf ein Viertel der Menge einkochen lassen.

Die Butter in Stücke schneiden und mit einem Schneebesen einschlagen, mit Salz und Pfeffer abschmecken.

Mein Tipp:

Lecker zu gratiniertem Hummer.

Safran-Sauce

Zutaten für 4 Personen | Zubereitungsdauer: 20 Minuten

1 Schalotte
50 ml Weißwein
200 ml Fischfond
125 ml Sahne
1 Döschen Safranfäden
einige Tropfen Zitronensaft
40 g Butter
Salz und Pfeffer nach Belieben und Geschmack

Zubereitung:

Die Schalotte in dünne Scheiben schneiden. Mit dem Weißwein aufkochen. Den Fischfond hinzu gießen und auf ca. 200 ml einkochen lassen. Die Sahne angießen, kurz köcheln lassen bis die Sauce sämig wird. Dann durch ein Sieb passieren.

Die Flüssigkeit wieder in den Topf geben und die Safranfäden hinzugeben. Mit Salz und Pfeffer nach Belieben und Geschmack würzen. Etwas Saft von der Zitrone hinzugeben und noch etwas köcheln lassen.

Die Sauce von der Kochstelle nehmen und mit einem Schneebesen die Butter in die Sauce montieren.

Salbei-Hollandaise

Zutaten für 4 Personen | Zubereitungsdauer: 20 Minuten

8 Salbeiblätter
3 EL Butter
4 Eigelbe
100 ml Wasser
1 TL Zitronensaft
125 g Butter
125 g Margarine
Salz und Pfeffer nach Belieben und Geschmack

Zubereitung:

Zunächst die Salbeiblätter säubern und fein hacken. Die Butter erwärmen und den Salbei darin frittieren.

Die Eigelbe mit lauwarmen Wasser und Zitronensaft im warmen Wasserbad schlagen, bis die Masse dickschaumig wird. Butter und Margarine zerlassen und warm tropfenweise in die aus dem Wasserbad genommene Eigelbsauce einrühren. Die Salbeibutter hinzufügen und mit Salz und Pfeffer würzen. Sauce nicht stark erhitzen, da sie sonst gerinnt.

Sauce Bologneser Art

Zutaten für 4 Personen | Zubereitungsdauer: 60 Minuten

500 g Kalbfleisch
3 Schoten bunte Paprika
2 große Zwiebeln
2 Knoblauchzehen
Pfeffer und Salz
1 TL Paprikapulver
1 Dosen geschälte Tomaten

Zubereitung:

Zunächst wird das Kalbfleisch durch einen Fleischwolf getrieben, damit man ein feines Ragout bekommt.

Das Ragout wird mit den Zwiebeln, die vorher klein gehackt worden sind, angebraten. Die Paprika werden in Streifen geschnitten und in den Topf zu dem Ragout gegeben.

Den Knoblauch schneiden und mit in den Topf geben. Zuletzt werden die Tomaten püriert und ebenfalls in den Topf gegeben. Das Ganze wird mit Salz und Pfeffer sowie dem Paprikapulver kräftig gewürzt.

Die Sauce sollte ca. 30 Minuten köcheln bevor sie serviert wird.

Sauce Hollandaise

Zutaten für 4 Personen | Zubereitungsdauer: 20 Minuten

3 Eigelbe
½ Tasse Wasser
1 TL Zitronensaft
125 g Butter
125 g Margarine
Salz und Pfeffer

Zubereitung:

Eigelbe mit lauwarmen Wasser und Zitronensaft im warmen Wasserbad schlagen, bis die Masse dickschaumig wird. Butter und Margarine zerlassen und warm tropfenweise in die aus dem Wasserbad genommene Eigelbsauce einrühren. Mit Salz und Pfeffer würzen. Sauce nicht stark erhitzen, da sie sonst gerinnt.

Mein Tipp:

Die Sauce kann auch im Wasserbad warm gehalten werden bis zum Servieren.

Sauce Béarnaise

Zutaten für 4 Personen | Zubereitungsdauer: 5 Minuten

1 kleine Zwiebel
1/8 L Weißwein
3 EL Estragonessig
½ TL frischen Pfeffer
3 Eigelbe
125 g Butter
125 g Margarine
Pfeffer, Salz
1 TL gehackte Petersilie
1 TL Estragon
1 TL Kerbel

Zubereitung:

Zwiebel schälen, fein hacken. Mit Wein, Estragonessig und Pfeffer aufkochen und auf 2/3 reduzieren. Danach abseihen, Eigelb zugeben und im warmen Wasserbad schlagen, bis die Masse dickschaumig wird. Butter und Margarine zerlassen und warm tropfenweise in die aus dem Wasserbad genommene Eigelbsauce einrühren. Mit Pfeffer würzen und Kräuter untermischen.

Sauce Artemis

Zutaten für 4 Personen | Zubereitungsdauer: 5 Minuten

1 kleine Zwiebel
1 Knoblauchzehe
2 EL Olivenöl
4 - 5 große Tomaten
½ Bund frischen Basilikum
3 EL Tomatenketchup
Salz und Pfeffer

Zubereitung:

Zwiebel und Knoblauchzehe schälen, sehr fein hacken und im Öl goldbraun dünsten. Tomaten in kochendem Salzwasser 3 - 4 Minuten blanchieren, eiskalt abschrecken, abziehen, in Würfel schneiden und zum Zwiebel-Knoblauch-Gemisch hinzugeben. Im offenen Topf 20 Minuten garen bis ausreichend Flüssigkeit verdampft ist. Sauce durch ein Haarsieb passieren und mit fein geschnittenem Basilikum, Ketchup, Salz und Pfeffer abschmecken.

Schmand-Senf-Sauce

Zutaten für 4 Personen | Zubereitungsdauer: 5 Minuten

1 Becher Schmand
1 Bund Dill (50 g)
2–3 EL Au Miel/Honig-Senf
etwas Milch
Salz und Pfeffer

Zubereitung:

Schmand cremig rühren, den Dill sehr fein hacken und unterheben. Honig nach Belieben hinzufügen. Mit Salz und Pfeffer abschmecken.

Ist die Sauce zu dick, etwas Milch hinzugeben und nachwürzen.

Sesamsauce

Zutaten für 4 Personen | Zubereitungsdauer: 20 Minuten

50 g Sesambutter
5 EL Austernsauce
200 ml Sahne

Zubereitung:

Die Sesambutter in einer Kasserolle anrösten, die Austernsauce hinzugeben, kurz aufkochen lassen, dann die Sahne hinzugeben. Kurz aufkochen lassen und bei mittlerer Hitze auf etwa die Hälfte reduzieren. Dann mit Pfeffer und Salz abschmecken.

Mein Tipp:

Lecker zu dunklem Fleisch wie Känguru.

Süßes Pesto

Zutaten für 4 Personen | Zubereitungsdauer: 5 Minuten

50 g Minzeblätter
50 g Basilikumblätter
100 g Pinienkerne
2 - 3 EL Feine Süße zum Streuen
ca. 80–100 ml Olivenöl

Zubereitung:

Die Nüsse oder Pinienkerne zunächst in einer trockenen Pfanne goldbraun rösten. Die Minzeblätter und Basilikumblätter fein hacken. Die restlichen Zutaten mit den gehackten Kräutern in ein hohen Pürierbecher geben und vorsichtig pürieren.

Tomaten-Sugo

Zutaten für 4 Personen | Zubereitungsdauer: 50 Minuten

800 g Tomaten
50 g Karotten
100 g Zwiebeln
100 g Stangensellerie
1 EL Basilikum
4 EL Olivenöl
Salz und Pfeffer

Zubereitung:

Zuerst werden die Tomaten klein geschnitten und in einen hohen Topf gegeben. Die Karotten und die Zwiebeln sowie den Sellerie klein würfeln und ebenfalls hinzugeben.
Das ganze ca. 30 – 40 Minuten köcheln lassen.

Die gekochte Gemüsemischung mit einem Löffel durch ein Sieb passieren.

Die aufgefangene Sauce in einem Topf geben und mit Pfeffer, Salz und dem Basilikum würzen. Ebenfalls das Olivenöl mit unterheben.

Sardellenknoblauchsauce

Zutaten für 4 Personen | Zubereitungsdauer: 15 Minuten

100 g Sardellenfilets
5 Knoblauchzehen
200 ml Milch
100 ml Olivenöl
Salz und Pfeffer

Zubereitung:

Die Knoblauchzehen in der Milch weich kochen. Dann das Sardellenfilet beifügen und das Olivenöl hinzu gießen. Mit einem Pürierstab gut pürieren, danach mit Pfeffer und Salz abschmecken.

Mein Tipp:
Lecker zu Pasta wie Tortellini oder Agnolotti.

Sauermilchsauce

Zutaten für 4 Personen | Zubereitungsdauer: 10 Minuten

200 g Sauermilchjogurt
½ halbe Zitrone
5 – 6 Nüsse
½ Orange
Salz und Pfeffer

Zubereitung:

Den Sauermilchjogurt rühren Sie mit einem Schneebesen cremig und geben dann den Saft der halben Zitrone und den Saft der Orange mit unter den Jogurt. Die Nüsse werden ganz fein püriert und ebenfalls mit in den Jogurt gerührt. Als letztes würzen Sie die Sauce mit Pfeffer und Salz.

Mein Tipp:

Lecker zu gedünstetem Schollenfilet auf Reis.

Vanillesauce

Zutaten für 4 Personen | Zubereitungsdauer: 5 Minuten

120 ml Milch
2 Eigelbe
1 EL Speisestärke
150 g Sahne
60 g Zucker
2 Vanilleschoten (davon das Mark)
1 Prise Salz

Zubereitung:

4 EL Milch und das Eigelb mit der Speisestärke anrühren. Die restlichen Zutaten zum Kochen bringen. Mit der angerührten Stärke die Sauce binden.

Weißweinsauce

Zutaten für 4 Personen | Zubereitungsdauer: 10 Minuten

2 Schalotten
2 EL Kerbel, Kresse und Petersilie
250 ml Riesling
200 g Butter
Kresse zum Garnieren

Zubereitung:

Die Schalotten schälen und sehr fein würfeln. In einer Kasserolle die Schalottenwürfel mit Kräutern und dem Wein offen bei starker Hitze auf ein Viertel der Menge einkochen lassen. Die Butter in Stücke schneiden und mit einem Schneebesen einschlagen, mit Salz und Pfeffer abschmecken.

Mein Tipp:

Probieren Sie diese Sauce mit gratiniertem Hummer auf Reis.

Wildbeerenpesto

Zutaten für 4 Personen | Zubereitungsdauer: 10 Minuten

100 g Basilikum
100 g Wildbeeren, frisch oder tiefgekühlt
100 ml Olivenöl
80 g Parmesan
60 g Pinienkerne

Zubereitung:

Das Basilikum waschen und gut abtropfen lassen. Dann in einem hohen Gefäß pürieren, dabei nach und nach das Olivenöl mit einfließen lassen. Pinienkerne, Parmesan und die Wildbeeren ebenfalls mit pürieren. Mit Salz und Pfeffer abschmecken.

Mein Tipp:

Probieren Sie das Pesto in einer Lasagne mit in Olivenöl gebratenen Steinpilzen. Im Wechsel schichten.

Zitronensauce

Zutaten für 4 Personen | Zubereitungsdauer: 5 Minuten

3 Zitronen
3 EL Weißweinessig
1 EL Senf
3 EL Pflanzenöl
3 EL Gehackte Salatkräuter

Zubereitung:

Die Zitronen werden für die Sauce gepresst und der Saft wird mit dem Weißweinessig, dem Senf, dem Pflanzenöl und den Salatkräutern verrühren. Dann nach belieben mit Salz und Pfeffer würzen.

Mein Tipp:

Lecker zu gedünstetem Lachsfilet auf Reis.

Meine Dips

Asia-Dip:

200 g Mango
1 Chilischote
3 TL Stärke
40 g Zucker
1 TL Salz
3 EL Weißweinessig
1 TL Tomatenmark
1 TL gehackter Ingwer
300 ml Wasser
Salz und Pfeffer nach Belieben und Geschmack

Die Mango in sehr kleine Stücke schneiden, die Chilischote ebenfalls sehr klein schneiden. In einer Kasserolle mit den restlichen Zutaten zum Kochen bringen, abschmecken und auskühlen lassen.

Chili-Gurken-Dip

1 Gurke
2 roten Chili-Schoten
1 EL Weißweinessig
6 EL Honig
2 EL Olivenöl
2 EL Stärke
Salz und Pfeffer

Die Gurke schälen und in kleine Stücke scheiden. Die Gurke salzen und 10 Minuten ruhen lassen, danach gut ausdrücken. Die Chilischoten entkernen und in kleine Streifen schneiden. Alles zusammen mit dem Essig, dem Honig sowie der Stärke und dem Olivenöl sehr fein pürieren.

Guacamole-Dip

250 g Tomaten
4 Zwiebeln
3 Knoblauchzehen
4 Avocados
2 EL Essig
2 EL Olivenöl
Pfeffer
Salz
2 Chilischoten
frischer Koriander

Die Tomaten brühen, häuten, entkernen und sehr fein würfeln, Zwiebel fein würfeln, Knoblauchzehen durchpressen oder klein schneiden. Fruchtfleisch der Avocados mit einer Gabel gut zerdrücken (evtl. pürieren mit Mixstab). Nun alles zusammen gut verrühren, mit den Gewürzen, Chilischoten, Essig und Öl gut abschmecken.
Als Dip mit Tortillachips kann ruhig etwas kräftiger abgeschmeckt werden. Aber als Beilage zu Fleisch, Tortillas und Mole nicht zu kräftig würzen, damit man die anderen Gerichte auch noch schmeckt

Lachscreme-Dip:

300 g Lachs
200 g Crème Fraîche

Den Lachs in kleine Stücke schneiden und mit der Creme Fraîche vorsichtig pürieren. Mit Pfeffer und Salz würzen.

Roquefort-Dip:

200 g Roqueford Schimmelkäse
150 g Crème Fraîche (vegetarisch)

Den Roqueford-Käse klein schneiden und mit der Crème Fraîche pürieren. Mit etwas Salz, Pfeffer und Muskat abschmecken.

Scharfer Joghurt-Dip

200 g Joghurt, mind. 6 %
200 g Schmand oder Crème Fraîche
2 Knoblauchzehen
Salz & scharfes Paprikapulver

Joghurt, Schmand oder Crème Fraîche gut vermischen, den Knoblauch fein hacken, nicht durch eine Knoblauchpresse drücken. Knoblauch sowie Salz und Pfeffer sowie Paprikapulver unterheben.

Weitere Bücher
von Mirko Reeh

Bereits erschienen:

Kulinarische Reise

Genießen Sie eine kulinarische Reise mit Mirko Reehs Rezepten. Italien, seine Lieblingsküche, seinem Lieblings-Reiseziel Spanien, der Heimat Deutschland, der genussvollen Küche Frankreichs und dem fernen Asien.

ISBN: 3 – 938222 – 00 – X

Vorspeise, Hauptgang, Mord

Aus dem Leben eines Koches, der per Zufall in einen Mord verwickelt wird. Roman und Kochbuch zugleich.

ISBN: 3 - 938222 - 01 - 8

Vorankündigung:

Im Kühlhaus hängen Leichen besser

Nach dem sensationellen Erfolg des ersten Krimis *„Vorspeise, Hauptgang, Mord“* kommt nun die Fortsetzung von Justus und seinen Freunden.

Justus, der mittlerweile sehr erfolgreich ein Restaurant in Frankfurt betreibt, wird eines Morgens von der Polizei überrascht. Die Kommissarin eröffnet ihm, dass in seinem Kühlhaus eine Männerleiche hängt. Wer ist dieser Mann und wie ist er in das Kühlhaus gekommen?

VÖ: März 2007